Schulin

Unterredung zwischen einem Deutschen Reichsfürsten und einem seiner Räte

Schulin

Unterredung zwischen einem Deutschen Reichsfürsten und einem seiner Räte

ISBN/EAN: 9783743672970

Hergestellt in Europa, USA, Kanada, Australien, Japan

Cover: Foto ©ninafisch / pixelio.de

Weitere Bücher finden Sie auf **www.hansebooks.com**

Unterredung

zwischen einem

Deutschen Reichsfürsten

und einem

Seiner Räthe

der kein Illuminat ist;

veranlafst

durch den Churmainzischen Antrag wegen des zwischen dem deutschen Reiche und Frankreich zu vermittelnden

Friedens.

Deutschland, 1794.

Fürst. In Kurzem wird in Regensburg über den Chur-Mainzischen Antrag gestimmt werden; es ist die höchste Zeit, dafs ich meinem Gesandten die Instruction zufertigen lasse, denn ich will nicht, dafs er bey einer so wichtigen Angelegenheit blofs den mehresten Stimmen beytrete. Ieder Reichsfürst scheint mir, nicht nur als Theilhaber der herrschenden Gewalt seinem Land; sondern auch als Rathgeber dem ganzen Deutschen Vaterland verpflichtet zu seyn; und er vergifst dieser

Pflicht, wenn er aus Besorgnifs, Mächtigern zu mifsfallen, dann schweigt, wenn er zum Wohl seiner Unterthanen oder des ganzen Deutschen Staats freymüthig reden sollte. In der morgenden Versammlung meines Geheimen Raths - Collegii wird mir deshalb Vortrag geschehen; ich wünschte aber vorhero allein mit Ihnen, mein lieber * * * *, darüber zu sprechen und Ihre Meynung zu hören.

Rath. Meine privat Meynung verlangen Euer Durchlaucht zu wissen?

Fürst. Allerdings, und weil ich, aus Ihnen bekannten Ursachen, glaubte, dafs Sie mir solche unter vier Augen mit weniger Zurückhaltung, als in dem Collegio selbst sagen würden; so ersuchte ich Sie, zu mir zu kommen.

Rath. Euer Durchlaucht danke ich für Ihr gnädiges Zutrauen. In meinem vieljährigen Dienste hoffe ich Beweise genug gegeben zu haben, daſs wenn ich gleich kein ungefälliger Kollege bin, und meine Meynung gerne der Majorität unterwerfe, ich dieselbe doch nie aus Menschenfurcht verschweige. Wenn mein Fürst meine Meynung wissen will; so werde ich Ihm solche in dem Collegio und auf Seinem Zimmer jederzeit mit der Freymüthigkeit sagen, zu welcher mich Dessen Güte und Wahrheitsliebe so glücklich berechtigen, und ich als Diener, und ich glaube in dem vorliegendeu Falle, auch als deutscher Bürger verpflichtet bin.

Es ist wahr, ich habe mich von Jugend auf gewöhnt, nichts für so heilig zu halten, daſs es nicht dem Richterstuhl der Vernunft, die allein Irrthum und Vorurtheil von Wahrheit sondern kann, unterworfen wäre, und denke daher über viele Dinge anders, als manche andre Männer, die ich, dieser verschiedenen Gesinnungen ohngeachtet, verehre; so wie ich gewiſs bin, daſs solche mir das Zeugniſs nicht versagen werden, daſs ich ein sehr warmer Freund der Ordnung und der Gerechtigkeit sey.

Fürst. Dafür sind Sie, mein lieber **** allgemein bekannt. Vorliebe für die neuen politischen Grundsätze ist ohnehin bey einem Manne von ihrem Stand und Vermögen nicht zu erwarten; aber um so mehr wunderte man sich, daſs Sie den Beytritt Deutschlands zu dem Kriege so ungern sahen, der wider die Feinde aller Ordnung und Gerechtigkeit geführet wird; daſs Sie diesem Kriege immer einen schlimmen Ausgang weissagten, und selbst dann wenn die Waffen der Alliirten am glücklichsten waren, Frieden mit den Königsmördern wünschten.

Rath. Diefs lautet hart, gnädigster Herr! aber es ist wahr, und der Erfolg hat mich leider! gerechtfertiget. Eben, weil ich ein warmer Freund der Ordnung und Gerechtigkeit bin, und mehr Gefahr von der Fortdauer des Krieges als der Anerkennung der Republik der Neufranken für unsere vaterländische Verfassung befürchte, wünschte ich längstens so sehnlich den Frieden; und ich glaube, dafs dieses nunmehr der Wunsch der ganzen deutschen Nation, wenigstens des weit gröfsern Theils derselben und aller derer seyn wird, die ohne Vorurtheil und eigenes Interesse die Sache mit unbefangenem Blicke beurtheilen. Ich freue mich daher, wenn auch nach einiges gegen den Chur-Mainzischen Antrag in Rücksicht der Förmlichkeiten zu erinnern seyn sollte, dafs dadurch die Stimme der Nation auf ihrem Reichstage laut geworden ist.

Fürst. Mancher Fürst würde bezweifeln, ob das, was Sie deutsche Nation nennen, ein Recht habe hier mitzusprechen, und ob Deutschlands Kaiser und Stände verbunden seyen, auf den Wunsch derselben, sey er auch so allgemein, als Sie es glauben, Rücksicht zu nehmen. Ich will Ihnen dieses, da der Krieg nur auf Kosten derselben, das heißt, mit ihrem Blut und Geld, geführt werden kann, einräumen; aber rechnen Sie die Unmöglichkeit für nichts, mit einem Volke, das bald diesem, bald jenem Ehrgeitzigen sclavisch gehorcht, Friede zu machen? Die Gefahr für nichts, in einen neuen Krieg verflochten, vielleicht dann eine Provinz Frankreichs zu werden? Die Besorgniß, daß solche Staatsumwälzungen, wie die französische, wenn diese glücklich durchgeführt werden sollte, vom Tayo bis zur Wolga Nachahmungen genug finden werden? Glauben Sie, daß Spanien, Deutschland,

Rufsland keine Orleans, keine Marats und Robespierre haben, oder dafs die Hoffnung, eine Rolle zu spielen und Reichthum oder Ehre oder Unsterblichkeit auf Kosten seiner Mitbürger zu erwerben, dergleichen nicht bald erzeugen werden? Schaudern Sie nicht bey dem Gedanken, dafs unser Vaterland —

Rath. Verzeihen Sie, gnädigster Herr! dafs ich es wage, Sie zu unterbrechen. Sie fragen mehr, als ich auf einmal beantworten kann.

Lassen Sie uns, wenn Sie meine Meynung hören wollen, die grosse Frage: ob Friede zu schliessen sey? in mehrere kleinere auflösen.

Fürst. Wohl! Also zuerst: **Werden die Neufranken und ihre Gebieter Frieden machen wollen?**

Rath. Daran kann ich nicht einen Augenblick zweifeln. So unmöglich mir es scheint, nun noch mit einigem Grunde zu bezweifeln, daſs der gröſste Theil der Neufranken, die Untheilbarkeit seiner Republik mit aller Kraft zu behaupten, entschlossen sey; so gewiſs bin ich, daſs der weit gröſsere Theil derselben, wenn es mit Erreichung dieses Zweckes bestehen kann, Frieden wünscht, um die Vortheile zu geniessen, die er sich von der neuen Regierungsform verspricht, für welche er mit einem selbst seinen Feinden Achtung einflössenden Muthe streitet.

Ich kann mir nur zwey mögliche Fälle denken: entweder will der gröſste Theil der französischen Nation den Krieg, und will Leben und Gut zur Behauptung seiner untheilbaren Republik aufopfern, oder er will es nicht, und wird dazu nur von seinen Despoten genöthiget.

In jenem Falle werden wir nach dem Zeugnisse aller Sachkundigen und Vorurtheilsfreyen Männer niemals Frankreich bezwingen, in diesem aber hätten wir ja nach Anerkennung der französischen Republik gar nichts zu fürchten.

Fürst. Sollte nicht ein dritter Fall möglich und vielleicht wirklich vorhanden seyn, daſs die französische Nation zwar den Frieden wünscht, wenn die Untheilbarkeit ihrer Republik dabey von den fremden Mächten anerkannt wird, daſs aber dem ungeachtet die herrschenden Repräsentanten dieser Nation zur Behauptung ihrer Macht Krieg mit Auswärtigen nöthig erachten, und ihn also jetzt unterhalten, und künftig bey der geringsten Veranlassung erneuern dürften?

Rath. Ist dieses der Fall; so hängt es ja nur von den verbündeten Mächten ab, durch billige Friedensvorschläge den Zauber zu lösen, mit welchem, wie Sie glauben, einige Ehrgeitzige, ihres Vortheils wegen, die französische Nation verstrickt halten; wollen wir den Krieg fortsetzen, damit diese Männer und andere ihres Ordens länger fortherrschen können? Auch dann, wenn wider alle Wahrscheinlichkeit die Neufranken die Fortsetzung des Krieges einem billigen Frieden vorziehen sollten, hätten wir sehr viel dadurch gewonnen, indem alsdann die öffentliche Meynung nicht mehr getheilt, sondern ihnen ganz entgegen, und Deutschland dadurch viel fester verbunden seyn würde.

Man muſs beyde Nationen belehren, was der Zweck des Krieges ist, und unter welchen Bedingungen er aufhören kann.

Fürst. Ich kann nicht läugnen, daſs ich selbst längst gewünscht habe, die streitenden Mächte möchten sich über den Zweck des Krieges erklären, der von den verschiedenen Partheyen so verschieden angegeben wird. So wie ich überhaupt Offenheit liebe; so scheint mir bey jedem Streite das erste und wichtigste zu seyn, die streitige Frage richtig zu bestimmen und bey entstehendem Kriege das, was jeder Theil durch denselben beabsichtiget, deutlich zu erklären. In dem vorliegenden Falle glaube ich, dafs dieses eben so vortheilhaft für Deutschland, als nachtheilig für die Feinde unsers Vaterlandes gewesen seyn würde, die nur um deswillen mit solchem Muthe, und oft mit Verzweiflung fochten, weil sie glaubten, man wolle die alte Verfassung mit allem ihrem Drucke in Frankreich wieder herstellen, oder Frankreich, wie Polen, zerstückeln.

Rath. Diefs sagte man in Frankreich nicht nur, und brauchte es zum Vorwande bey allen gewaltsamen Maafsregeln, die der

Convent verordnete; auch in Deutschland ist diese Meynung sehr allgemein. Man glaubt, dafs man weniger, um den von Frankreich in ihren Rechten beeinträchtigten Fürsten Genugthuung zu verschaffen, als um das französische Volk wegen seines Aufstandes gegen die monarchische Gewalt zu züchtigen und den verbündeten Mächten Eroberungen zu erleichtern, Deutschland zu Beschliessung des ihm so schädlich gewordenen Reichskrieges vermocht hätte. Mag es seyn, dafs es Feinde unsers Vaterlandes, dafs es Gefährten der Propaganda sind, die diese Sprache führen, die die Franzosen geneigter zum Frieden, als die verbündeten Mächte glauben, und sich daher so gar oft ihrer Siege freuen! Mag es seyn, dafs, um durch Zwietracht und Mifstrauen die Frankreich bekriegenden Nationen zu schwächen, man den Deutschen überreden will: die Verfaſlung seines Vaterlandes, habe mehr von der

Uebermacht einiger seiner Stände, als von Frankreich zu fürchten! Wie ist es möglich, daſs, so lange man diese Besorgnifs dem Deutschen nicht benimmt, so lange man ihn nicht überzeugt, daſs er für sich, für die Untheilbarkeit seines Vaterlandes, für die Integrität seiner Verfassung streiten oder steuern solle, Enthusiasmus in ihm sich entflammen könnte! Der Deutsche ist noch nicht so ausgeartet, als man uns überreden will; er ist so feigherzig nicht; er hat Gefühl für Recht und Unrecht; aber er will sich nicht für eine fremde Sache, nicht zu Bekriegung von Meynungen und Dogmen aufopfern. Hätte man gleich Anfangs, oder wenigstens nachdem man seinen Irrthum und die Täuschung von Frankreichs ausgewandertem Adel erkannt hatte, sich über die Ursache des Krieges oder die Bedingungen des Friedens billig erklärt, und die Franzosen hätten doch den Krieg fortgeführet; so würden sie nur bey ausgearteten Deutschen und Sanciilotten der schlechtesten Art Freunde und Vertheidiger gefunden, jeder biedere Deutsche aber seinen Arm und sein Vermögen willig zum Schutz seines Vaterlandes dargeboten haben. Dieſs sollten diejenigen bedenken, die ihre Mitbürger einer Ausartung laut anklagen.

Fürst. Das gute Zutrauen, das Sie zu unsern Landsleuten haben, freuet mich. Sollten auch Ihre Erwartungen von dem Patriotismus derselben zu groſs seyn; so stimme ich Ihnen doch gänzlich darinn bey, daſs es in jeder Rücksicht wohlgethan gewesen wäre, die Vernünftigen von der Nothwendigkeit und Rechtmässigkeit des Krieges zu überzeugen, den Uebelgesinnten aber die Gelegenheit zur Verläumdung der Absichten der Kriegführenden Mächte und Ausstreuung des Saamens von Zwietracht zu benehmen.

Zugegeben nun, daſs Frankreich zum Frieden geneigt sey, und daſs Pflicht und Klugheit fordere, einen Versuch zu machen, Deutschland den Frieden wieder zu schenken, so fragt sich weiter: **Mit wem sollen wir Frieden schliessen?**

Rath. Mit denen, glaube ich, mit welchen wir Krieg führen. Seit wenn, gnädigster Herr! sind wir denn in unsern politischen Grundsätzen so streng, den **Machthabern** *quaestionem status* machen zu wollen?

Wenn der Beherrscher eines Volkes sich durch den Mord seines Thron-Vorfahren an seine Stelle setzt; wenn ein Bassa den rechtmässigen Sultan gewaltsam entthront, und sich oder einen ihm unterwürfigen Regenten zum Despoten des Orients erhebt, hält es denn ein Monarch unter seiner Würde; trägt denn eine Nation Bedenken, mit dem Usurpator Frieden zu machen, vielleicht auch ein Bündnifs zu schliessen?

Gesetzt auch! die dermaligen Häupter Frankreichs seyen Usurpatoren; so haben sie doch den Willen des gröfsten Theils der französischen Nation für sich. Dieser hat sie nicht nur gewählt, sondern, indem sie ihren Befehlen gehorcht, indem sie ihnen Gut und Blut aufopfert und sich blindlings in die gefahrvollesten Wege stürzt, die ihr der National - Convent vorzeichnet, erkennt sie, sollte ich glauben, dessen Macht hinlänglich an. Ich halte es, wo nicht für unmöglich, doch für höchst unwahrscheinlich, dafs diese Nation, dann erst aufhören werden, ihren Dictatoren zu gehorchen, wenn dieselben ihnen Friede und Ruhe nach dem langen mit der gröfsten Anstrengung gefochtenen Kampf wieder zu geniessen erlauben.

Fürst. Die Herrschaft des National-Convents sey auch nun nach dem wahrscheinlichen Sturz der Iacobiner noch so unumschränkt, wer kann uns gewähren, dafs sie es lange bleiben werde? Kann nicht, da in diesem Lande sich die Revolutionen, wie in einer Thierhatze die Blut-Scenen, zu folgen scheinen, und so oft im National-Convent eine Faction durch die andere gestürzt worden ist, die, mit welcher wir Frieden schliessen, eben so schnell fallen? und wer bürgt uns dann für die Fortdauer des Friedens?

Rath. Sie scheinen, gnädigster Herr! Ihren Zweifel: mit wem Friede geschlossen werden könne? aufgeben zu wollen; denn dieser neue Einwurf bringt uns der dritten vorzüglich wichtigen Frage näher: **Kann man auf die Dauer des Friedens und dessen Festhaltung rechnen?** Diese Frage beantworte ich nach meiner Ueberzeugung mit Ia!. Der eigene Vortheil der ganzen französischen Nation ist es, auf den ich diese meine Ueberzeugung baue. Vor allen Dingen erlauben Sie mir, eine allgemeine Bemerkung über Festhaltung der National-Verträge voraus zu schicken. Euer Durchlaucht sind zu wohl mit der Völker- und Staaten-Geschichte bekannt, um nicht zu wissen, daſs, wenn man nur dann Frieden schliessen wollte, wenn man dessen Festhaltung und langen Dauer ganz gewiſs seyn kann, man im ewigen Kriege mit fast allen Nationen leben müſste: Fehlte es Herrschern der alten und neuen Zeit und ihren Rathgebern je an einem Vorwand, einen Friedenstractat zu brechen und umzustossen, wenn sie sich dazu stark genug fühlten, und es mit Vortheil thun zu können glaubten? So dreist dieses scheint, so glaube ich doch mit guten Gründen behaupten zu können, daſs man mit Frankreich so sicher als mit dem gröfsten Theile der andern Nationen Frieden schliessen könne, ja vielleicht noch sicherer, weil

1) Frankreich, wenn es von aussen Ruhe hat, noch viele Iahre Zeit brauchen wird, mit sich selbst zur Ruhe zu kommen, sich eine Verfassung zu geben, und solche zu organisiren,

2) in einem Staate wo nicht der Monarch durch Befehl, sondern, wir wollen den schlimmsten Fall annehmen, der Demagog durch Ueberredung herrscht, so lange die Nachbarn Frieden halten wollen, ein Krieg nicht leicht zu fürchten ist.

Fürst. Das erste Argument gebe ich zu, gegen das letzte aber liesse sich vieles einwenden; und ich bin neugierig, zu hören, wie Sie diesen paradoxen Satz ausführen wollen. So wie jetzt nach Ihrem eigenen Ausspruche auf den Wink der dermaligen Despoten Frankreichs die Nation sich in den Tod stürzt, kann sie das nicht künftig auch? Kann man sie nicht überreden, ihre Republik seye in Gefahr, wenn sie von Monarchen umgeben ist?

Rath. Diefs ist zwar möglich, aber bey weitem nicht so wahrscheinlich, als wenn Frankreich ein monarchischer Staat wäre. Ich habe das Glück, mit einem über viele Vorurtheile erhabenen und Wahrheit suchenden und liebenden Fürsten zu reden: Ich darf also frey sprechen. Irre ich; so irre ich wenigstens nicht mit Vorsatz. Hier sind meine Gründe: In einem monarchischen Staate trift das Unglück und der Iammer des Kriegs die, welche ihn beschliessen, nicht unmittelbar. Der Monarch, welcher Krieg ohne dringende Noth anfängt, oder Verträge bricht glaubt etwas zu gewinnen, es sey nun Land oder Ehre. Die Schätze, welche er dabey aufopfert; das Blut, das er vergiefst, die Felder und Güter, welche er der Verheerung aussetzt, gehören höchst selten und nur zum kleinsten Theil seyn, oder seinen Rathgebern; was er hingegen gewinnt, sieht er als sein Eigenthum an, weil es seine Macht vermehret. In einer Republik ist es so leicht nicht, den Bürger und Landmann, wenn er auch nur glaubt eine freye Stimme zu haben, zu einem offensiv Krieg zu bereden. Die entfernten Departements würden dazu nicht stimmen, und die nahen, wenn man ihnen Ruhe gönnt, ihren Heerd und ihre Familie nicht dem Verderben da preifs geben, wo nichts für sie zu gewinnen ist. Denn was könnte es wohl jedem einzelnen Neufranken frommen, wenn ganz Deutschland unterjocht würde? Es ist leichter, ein Feuer, das brennt unterhalten, als ein neues anzuzünden. Der Elsasser, oder Lothringer und jeder andere französische Bürger glaubt, jetzt für seine Freyheit, für seinen Heerd zu fechten: Man lasse ihm seine vermeinte Freyheit, seine untheilbare Republik, seine Constitution; berichtige die Gränzen, und es wird ihm so wenig einfallen, Händel suchen, Deutschland erobern oder mit seinen Nachbarn Krieg führen zu wollen, als der Schweitz, Holland und andern Freystaaten.

Eine auf Freyheit und Gleichheit, sey diese auch noch so chimärisch, sich gründende Republik kann, ihrer Natur nach, nicht auf Eroberung ausgehen.

Fürst. Sie scheinen in Ihrer Wärme, mit welcher Sie die friedliche Guthmüthigkeit der französischen Republikaner gleichsam verbürgen, der vielen Irrungen zu vergessen, welche die Republiken Griechenlands entzweyten, und der daraus entstandenen Kriege. Und welcher aller bekannten Staaten war Iahrhunderte hindurch lüsterner nach Eroberungen und glücklicher in denselben, als die Republik Rom, deren Bürger sich auf ihre Freyheit so viel zu gut thaten?

Rath. In kleinen Republiken wie die Griechischen, wo der Gränzen und der Berührungs-Puncte verhältnifsmässig viel mehrere sind, kann leichter und öfter Streit entstehen. Die Bürger sind sich auch näher: Sie werden leicht von einerley Geist belebt; durch ein ihnen vorgespiegeltes Interesse getrieben. Diefs fällt bey gröfsern Republiken weg, wenigstens ist es weit schwerer. Wenn das Eigenthum nicht angegriffen, die Handlung nicht beeinträchtigt wird; so wird des Vortheils wegen den der Krieg einzelnen Departements bringen könnte, die Nation sich nicht rüsten.

Daſs Roms Beyspiel hierher nicht passe, werden Ew. Durchl. selbst finden, wenn Sie sich aus der Geschichte dieses Staats des Verhältnisses zwischen der herrschenden Republik und den gehorchenden Provinzen erinnern wollen.

Rom regierte gleichsam monarchisch die eroberten Provinzen. Jeder Einzelne aus der, im Verhältniſs mit der Menge der Beherrschten, kleinen Anzahl römischer Bürger, hatte ausser der Ehre, Antheil an der Beherrschung der Welt zu haben, auch groſse privat Vortheile davon, daſs fast die ganze damals bekannte Welt dem römischen Scepter gehorchte: In Frankreich dagegen sollen die Eroberungen dem Lande incorporirt werden, die Eroberten werden Bürger des Staats und sollen alle Vortheile seiner Verfassung mit ihren Eroberern theilen.

Diese gewinnen also gar nichts dabey, und man müſste den Menschen nicht kennen, wenn man erwarten könnte, dafs die Neufranken blofs aus Muthwillen Tractaten brechen würden, die ihnen so gut, als ihren Nachbarn, Frieden und Ruhe gewähren.

Fürst. Glauben Sie, dafs die Franzosen das Project aufgegeben haben, eine allgemeine Umwälzung aller Regierungs-Formen zu bewürken?

Rath. Weil eine längst gestürzte Parthey im Convent eine allgemeine Revolution in Europa zu bewürken suchte; sollte man deswegen vermuthen können, dafs dieses der Wille der ganzen Nation gewesen, oder dafs er es noch sey? Als dieser Plan zuerst gemacht wurde; schien den Schwärmern, welche höchstens nur ihre Nation kannten, nichts leichter als ihr Syftem in ganz Europa auszubreiten, alle Thronen und mit ihnen alle Ordnung umzustofsen. Da die Erfahrung sie aber schon vorhin belehret hat, daſs die Deutschen und andere Nationen so thöricht nicht sind, um einiger Mängel willen, wie man zu sagen pflegt, das oberste zu unterst zu kehren; da Sie fühlen müssen daſs die Greuel, von denen seit fünf Jahren alle europäischen Völker, und besonders wir ihre Nachbarn Zeugen waren, sie und uns gewiſs nicht geneigter gemacht haben werden, einen solchen Versuch zu wagen; so wird auch ein zweyter Cloots es kaum unternehmen, einen Kreuzzug gegen alles, was nicht die Volks - Souveraineté anerkennt, zu predigen, und glauben Sie wohl, gnädigster Herr, daſs ein solcher Apostel der Universal - Republik Anhänger finden, und der französische Bürger Haus und Hof verlassen, und sein Leben wagen werde, um dem Oestreicher, dem Preussen oder jedem andern Deutschen eine Freyheit zu erkämpfen, die dieser verrachtet, weil sie eine Tochter der Empörung und eine Mutter der Anarchie ist?

Fürst. Ich will Ihnen zugestehen, mein lieber ****, dafs das französische Volk, nach der fast unglaublichen Anstrengung, mit welcher es so vielen Feinden zugleich Widerstand thut, sich nothwendig nach Ruhe sehnen mufs, und dafs man daher, in Rücksicht der Dauer des Friedens, vielleicht weniger von der französischen Republik zu fürchten habe, als wenn die Nation noch einem Ludwig XIV. oder einem ihm ähnlichen Monarchen gehorchte: Aber halten Sie es auch für möglich, dafs man sich wegen der Friedens - Bedingungen bey der dermaligen Lage der Dinge werde vereinigen können? und einen schimpflichen Frieden können doch auch Sie unmöglich wünschen? Schimpflich aber würde es seyn, wenn eine grössere, von vielen Alliirten unterstützte, Nation sich von einem kleinern, von Feinden umgebenen und in sich uneinigen Volk, einen grofsen Theil ihres Staats-Körpers gewaltsam abreissen liesse.

Rath. Hier, gnädigster Herr, bekenne ich ihnen meine Verlegenheit. Ich fühle es, dafs ich ein Deutscher bin, und der Gedanke an einen uns abgezwungenen schimpflichen Frieden empört meinen Stolz. Ich rufe, ohne mich zu besinnen: lieber gefochten, um die Ehre des Vaterlands zu retten', als diese zu Grabe getragen zu sehen! Aber, lassen Sie uns auch hier kaltblütig, und mit Vorsicht zu Werke gehen, und untersuchen, was die Ehre der Nation heische?

Nicht jede Aufopferung ist schimpflich, besonders wenn wir Deutschen finden sollten, dafs wir durch die begünstigten Rüstungen der Ausgewanderten, durch die Bedrohungen der französischen Nation in' unsern Manifesten, und überhaupt durch unser Einmischen in ihre National - Angelegenheiten uns an unsern Nachbarn jenseits des Rheins versündigt hätten. Die Behauptung der, von den Neufranken verletzten, Rechte der deutschen Reichsstände gab dem deutschen Reiche die Veranlassung zu diesem Kriege, und die Beherrscher der Nationen glaubten es ihrer Würde schuldig zu seyn, auf den Ruf der königlichen Brüder und anderer Ausgewanderten, dem unglücklichen Könige Ludwig XVI beyzustehen, und die monarchische Verfassung dieses Reichs zu behaupten; Man stellte ihnen dieses als etwas leichtes vor, indem man behauptete, daſs die Revolution sich nicht auf dem Willen des gröſsten Theils der Nation, sondern einiger einzelnen Ehrsüchtigen gründe, und wenigstens zwey Dritteltheile der Nation ihnen beystehen würde. Jener unglückliche König ist nicht mehr, er und seine Gemahlin sind vielleicht Opfer der wohlgemeinten Hülfe geworden. Der Wille der Nation, eine untheilbare Republik zu haben, ist nicht zu bezweifeln.

Drey Feldzüge haben die Schwierigkeiten, wo nicht die Unmöglichkeit, Frankreich zu unterjochen, oder mit Gewalt den deutschen Reichsfürsten, zu dem, was ● verlohren, wieder zu helfen, deutlich genug bewiesen. Der gesellschaftliche Vertrag kann nicht wollen, daſs man sich selbst ganz in dem fruchtlosen Versuche, einem Andern zu helfen, aufopfere. Kostet der Krieg nicht Deutschland bereits mehr Geld und Blut, als der Werth der den deutschen Fürsten entzogenen Besitzungen beträgt? Ew. Durchl. werden sich erinnern, was ich zu jener Zeit, da die alliirten Waffen siegten, häufig sagte: der Krieg ist ein Glücksspiel, der kluge Spieler hört dann auf, wenn er im Vortheile ist.

Damals hätten gegen Anerkennung der Republik Deutschlands Gränzen gesichert, und höchst wahrscheinlich auch den deutschen Fürsten, die durch die Revolution verloren hatten, eine Entschädigung verschaft werden können. Jetzt da die Waffen der Neufranken überall siegreich sind, da sie uns die gemachten Eroberungen nicht nur wieder abgenommen, sondern die Niederlande, einen grossen Theil von Deutschland und Holland im Besitze haben, ist es nicht zu erwarten, dafs wir, unter gleich guten Bedingungen, und ohne einige Aufopferungen, den gewünschten Frieden erhalten werden.

Wenn man das Unglück, das der Krieg immer mit sich führt, und die ganz besondern Umstände, welche bey diesem eintreten, erwägt; so glaube ich, muſs Jeder, der Achtung für Menschen - Glückseligkeit hat, dazu rathen, lieber etwas, Ruhe und Friedens wegen, aufzuopfern, als, ohne Rücksicht auf die Volksstimmung und öffentliche Meynung, den Krieg mit der gröſsten Macht fortzusetzen, dadurch Schulden zu häufen, und Unzufriedene zu machen, mit Gefahr doch am Ende, nachdem noch viel mehrere Menschen unglücklich geworden, eben die Bedingungen eingehen zu müssen, welche man jetzt erhalten könnte.

Fürst. Wenn Deutschland seine Kräfte aufbietet, und nur noch in einem Feldzuge Muth und Tapferkeit zeigt, sollte es die Franzosen, welche an Menschen und Geld erschöpft sind, zu einem ihm ehrenvollen Frieden nicht nöthigen können?

Rath. Die Klugheit fordert allerdings, dafs man sich ernstlich zu einem künftigen Feldzug rüste, ich habe aber Ursache zu zweifeln, dafs es Ihnen gnädigster Herr, mit dem Glauben an die Ohnmacht der Neufranken und an das künftige Glück der deutschen Waffen rechter Ernst sey. Ich hörte Sie selbst zu oft darüber klagen, dafs die Cabinette der Grofsen den Vorspiegelungen solcher Menschen die ein Interesse bey Fortsetzung des Kriegs haben, oder zu haben glauben, Gehör geben.

Das Mistrauen, das einer allgemeinen Sage nach, zwischen einigen alliirten Höfen und die Erbitterung, die zwischen ihren Truppen herrscht; der Unwillen, mit dem die niedern Stände in Deutschland die Fortsetzung eines Krieges sehen würden, dem die öffentliche Meynung so entschieden zuwider ist, nebst mehreren andern Gründen, deren Aufzählung überflüssig seyn würde, weil solche Euer Durchlaucht besser, als mir bekannt sind, lassen mich wenig von dem künftigen Feldzug hoffen.

Nicht alle Männer am Ruder der Staaten haben aber Sinn für solche Bedenklichkeiten oder Lust deren Gründlichkeit zu prüfen. Wahrheiten, die dem von den Ministern angenommenem System entgegen sind, dringen selten oder nie in ihrer Lauterkeit zu den Ohren der guten Regenten Deutschlands. Sie werden verunstaltet, als gefährlich verschrieen und die, die sie sagen, von dem Haſs der herrschenden Parthey verfolgt oder doch verkezert. Was Luther zur Zeit, da mit der Vergebung der Sünde, und wunderthätigen Bildern der Heiligen Handel getrieben würde, von den Pfaffen sagte: „Sie müssen Lügen „predigen, man giebt ihnen sonst nicht „viel," paſst dieses nicht vollkommen auf manche unserer Journalisten, Zeitungs-Schreiber, und auch leider wohl auf manches Fürsten Räthe? Erst sagte man uns, der größte Theil Frankreichs seye für den König, spottete der schlecht gekleideten, schlecht bewaffneten Krieger, und schilderte sie als Zaghafte, die beym ersten ernstlichen Angriffe flöhen: Dann wollte man uns überreden; Frankreich würde nächstens durch Hunger gezwungen werden, eine Maaſsregel, welche um so schädlicher schien, da Hunger und Verzweiflung noch mehrere wüthende Krieger gegen unsere Gränzen geführt haben würden. Nach andern sollte die streitbare Mannschaft der Republik durch die Guillotine, Auswanderungen und Krieg auf eine sehr geringe Anzahl zusammen geschmolzen, das Geld zu Ende, die Assignaten ohne Werth seyn; den keine Gefahr scheuenden Muth der republikanischen Heere und die wüthenden Angriffe, mit denen sie so oft unsere tapfersten Truppen zurückdrängten, schrieb man bald der Berauschung durch hitzige Getränke, bald der Furcht vor dem Schwerdt der Guillotine zu.

Man wird zweifelhaft, ob man sich mehr über die Frechheit derer, welche solche Dinge als Wahrheit hinschreiben und behaupten, oder über die gutmüthige Leichtgläubigkeit derer wundern soll, welche sie für wahr hielten, und darauf immer wieder neue Hoffnungen bauten. Die Quellen einer Nation, welche keiner fremden Herrschaft gehorchen will, sind unerschöpflich; sie wird mit jedem Feldzuge kriegerischer: Unsere Unterthanen mit jedem Iahre abgeneigter, in einem Kampfe über Meynungen, welche scheinbar wenigstens ihnen günstig sind, Gut und Blut aufzuopfern: und dessen mannigfaltige Lasten zu tragen: Es steht nicht Volk gegen Volk: Die Deutschen haben nur ein entferntes, die Neufranken ein nahes Interesse beym Ausgang der Sache, und — wehe uns! wehe Europa und allen Monarchen und Fürsten! wenn der Krieg so lange fortgesetzt werden soll, bis Ohnmacht einen Theil die Waffen niederzulegen zwingt!

Fürst. Ich bin Ihrer Meynung, daſs dieses gefährlich seyn dürfte, und der Friede ein Gut sey, daſs man nicht leicht zu theuer erkaufen könne; nur die Ehre der Nation darf dabey nicht leiden. Ich für meine Person lasse mir übrigens gern einige Aufopferungen gefallen, wenn sie nur nicht zu groſs sind, und das Glück beyder Nationen dabey bestehen kann. Hier gestehe ich Ihnen aber, daſs Sie einen meiner Zweifel noch nicht gehoben haben: Wird dieses Beyspiel, der, wider Willen der constituirten

Gewalt, und gegen die Einwürkung benachbarter Mächte, sich gebildeten französischen Republik nicht ähnliche Auftritte in andern Ländern veranlassen?

Rath. Ich will Ihnen, mein gnädigster Fürst, hier wieder recht freymüthig antworten: Ia! und Nein: wie Sie wollen. —

Zürnen Sie nicht! Ich würde es nicht wagen, mit meinem Fürsten über einen so sehr wichtigen Gegenstand zu scherzen. Ia! dergleichen Auftritte sind auch in andern Staaten zu fürchten, wenn man in diesen so wenig Rücksicht auf das Volk, auf das Wohlseyn der gröfsesten Klasse der Staats-Bürger nimmt, als vormals in Frankreich; wenn der Fürst und seine Minister es unter ihrer Würde halten, sich um die Volks-Meynung zu bekümmern, und mit dem Geist der Zeit bekannt zu machen; wenn das Vermögen des Staats an müssige Höflinge verschwendet, Aberglaube statt Religion geprediget, der Unterthan den Bedrückungen eigennütziger Diener Preifs gegeben, seine Denkfreyheit beschränkt, er mit Horchern umgeben, und bey jeder freymüthigen Aeusserung als Rebell behandelt wird; wenn man aus Eroberungssucht Kriege führt und die *Söhne* des Bürgers und Landmanns ohne Noth und ohne Gefahr des Vaterlandes zum Soldatendienst zwingt, vielleicht ausser Lands verkauft; wenn, aus Furcht vor Neuerungen, auch das, was man als Gebrechen erkennt, nicht gebessert wird. — Dann hingegen ist in einem Staate und besonders in Deutschland keine Revolution zu fürchten, wenn ein Regent, Gott sey Dank! dafs ich ohne Schmeicheley hinzu setzen darf, wie Sie, mein Fürst, lieber Landes Vater als Landes Herr seyn will, und durch strenge Erfüllung seiner Pflichten die Religion thätig bekennt, die er predigen läfst; wenn die Diener des Staats nicht nach Gunst, sondern nach Verdienst und Brauchbarkeit gewählt, das Lehns System gemildert und allmählig abgeschaft, die Abgaben hingegen gleicher vertheilt werden; wenn der Regierung, ihres edlen Zwecks eingedenk, weniger an Erhaltung ihrer Gewalt, als am Gebrauche derselben zum Glück und zur Vervollkommnung ihrer Unterthanen liegt; wenn sie Folgsamkeit aus Erkenntnifs des Guten will, nicht aus dümmer Anbetung ihrer Anorduungen und Befehle; wenn sie die Stimme der Vernünftigen im Volke hört, und ohne das Geschrey der Thoren, welche die Gränzen diefs oder jenseits überschreiten, zu achten, Prefsfreyheit dazu benutzt, Mängel, welche ihrer Vorsicht entgiengen, abzustellen oder, wenn diese Mängel erdichtet sind, die Bürger darüber zu belehren; kurz!

wenn der Fürst und seine Räthe in die Glückseligkeit des Volks des Herrschers gröfste Ehre und sein gröfstes Interresse setzen, und durch eine gute, weise Regierung das Zutrauen des Volks gewinnen; dann kann Frankreichs Beyspiel und Zerrüttung die Liebe der Unterthanen zum Fürsten und zu ihrer Verfassung nur fester gründen.

Handeln viele Regierungen künftig immer mehr diesen Grundsätzen gemäfs, wie es von der Güte und Klugheit unserer deutschen Fürsten zu hoffen ist; so hat das schreckliche Beyspiel der französischen Revolution, indem es die begünstigten Stände zur Billigkeit stimmte, und den niedrigen Volksklassen Abscheu gegen Empörung einflöfste, wohlthätig auf andere Nationen gewürkt, und dadurch könnte vielleicht das Uebel einigermassen aufgewogen werden, das sie veranlaſste.

Erlauben Ew. Durchl. da ich Ihre Geduld schon allzulang ermüdet habe, daſs ich nur noch eine Bemerkung hinzufüge, die zwar Ihnen nicht entgangen seyn wird, die aber so wichtig ist, daſs man sie den Deutschen Fürsten nicht oft genug ans Herz legen kann, daſs nemlich bey der Fortdauer des Kriegs immer mehrere von unsern zur Scheidung des Wahren von dem Falschen nicht genug vorbereiteten Landsleuten, theils in der Gefangenschaft, theils auf dem Schauplatz des Kriegs, die Französischen Grundsätze einsaugen.

Urtheilen Sie nun selbst, gnädigster Herr, ob ich ohne Grund fürchte, daſs bey den durch die Fortsetzung des Kriegs nothwendig werdenden mehreren gewaltsamen Aushebungen, Auflagen und sich häufenden Schulden, das Mittel, wodurch wir einer Umstürzung unserer Verfassung entgegen arbeiten wollen, solche herbeyführen könne, welches Gott gnädig von uns abwenden wolle!